내 마음에 머무니 사랑입니다

정태운 제2시집

청옥

내 마음에 머무니 사랑입니다

바라보지 못해도
가까이 있지 않아도
그대
내 마음에 머무니 사랑입니다

어두운 곳에 있어도
꿈속에만 보아도
뒷모습 애처로워도
그대
내 마음에 머무니 사랑입니다

꽃처럼 이쁘지 않아도
고운 마음 밝은 미소로 밝혀
그대
내 마음에 머무니 사랑입니다

서문

시는 언어의 꽃입니다.

꽃은 남녀노소 빈부의 격차를 떠나 모두의 사랑을 받듯이 시 또한 모두의 사랑을 받는 것이 아닐까 합니다.

각박한 세상을 살아가면서 항시 행복할 수는 없겠지만 가끔은 제 시를 접하고 안식하고 평온과 행복을 느낄 수 있다면 그리고 공감하여 내일을 향해 에너지를 얻을 수 있는 역할을 할 수 있다면 더 할 수 없는 영광이라 생각합니다.

저의 1집 시집 「사랑한다고 말할 때 사랑의 꽃이 피고」를 내고 빠른 기간에 다시 2집을 낼 수 있었던 것도 시를 접하며 많은 새로운 지인들을 만나고 그들과 함께 소박한 일상을 나눌 수 있었기에 가능하지 않았나 생각합니다. 온통 사랑과 꽃으로 가득한 세상에 사랑과 꽃을 노래하지 않을 수 없었기에 날마다 사랑을 노래했습니다.

불행히도 다음 출판을 위하여 꽃에 대한 시들은 모두 빼서 따로 모아 발표할 생각으로 싣지 못함을 애석하게 생각합니다.

저의 제2집 시집 「내 마음에 머무니 사랑입니다」에 아낌없는 격려를 보내주신 부산문인협회 회장이신 최영구박사

님, 전경남 문인협회 회장님이셨던 이우걸시인님, 저에게 와인과 세상에 대한 조언을 아끼지 않으시고 가름침을 주시는 김조셉목사님, 세종고총동문회 회장이신 존경하는 박현수회장님, 그리고 시를 접하고 문우로서 축하를 주신 문영길시인과 이기택시인 심예지시인님과 문우님들께 감사를 표하며 끝으로 저의 창작활동에 불평없이 꿋꿋이 내조해준 사랑하는 아내 박정숙씨께 감사를 드리며 더욱 정진하여 대중의 사랑을 받는 시인으로 거듭나겠습니다.

남천 정태운 올림

목차

제2부 향기 사라지던 날

제3부 봄별 사랑

제4부 와인잔에 우정을 채우고

제5부 가을이 보낸 편지

제6부 못다한 노래

제7부 네가 좋은 이유

추천사

제1부

내 사랑에 단풍은 들어도 낙엽으로는 지지 않는다

내 마음에 머무니 사랑입니다

바라보지 못해도
가까이 있지 않아도
그대
내 마음에 머무니 사랑입니다

어두운 곳에 있어도
꿈속에만 보아도
뒷모습 애처로워도
그대
내 마음에 머무니 사랑입니다

꽃처럼 이쁘지 않아도
고운 마음 밝은 미소로 밝혀
그대
내 마음에 머무니 사랑입니다

내 사랑에 단풍은 들어도 낙엽으로는 지지 않는다

꽃 피어
무성하게 자란 사랑
한때의 화려함이 지난 이 계절처럼
숙성되었지
우리 사랑

신록을 지나
울긋불긋 물들어 가면 아름답지 않는가
이 계절 단풍이 되었음에

보여지지 않는 풋풋함이 없어도
향기는 없으나 화사함으로
마음으로 전하는 매력에 빠지고
세월에 취해 가는 사랑

이쁘게 물들어 갈수록
떠남의 아쉬움 남는다 말하지만
곱게 물든 사랑은 불멸의 꽃이려니

계절의 바뀜으로 단풍이 들었다해도
세월의 흐름 앞에 물들었다해도
내 사랑엔 단풍 들어 아름다우니
변하지 않는 계절을 가지고
낙엽으로 지지 않고 남아 있으리니

그대
꽃보다 어여쁜 사람이여!
내 사랑에 단풍은 들어도 낙엽으로는 지지 않는다.

내 가슴에만 피는 꽃

내 가슴에만 피는 꽃이 있다
장미로
수국으로
능소화로
각자 자태 뽐내는 계절의 꽃들처럼
내 가슴에만 피어나는
장미며
수국이며
능소화가 있다
화려하면서도 향긋하고
앙증맞으면서도 은은하고
도도하여 절개 넘치는 꽃
아무도
넘보지 못하게
아무도 담지 못하게
내 가슴에만 활짝 피어나는
그대라는 꽃

미안합니다. 그대여

내 길 위에
그대를 세우고
돌부리 치우지 않은 채
험한 길
미안해하는 마음 없이
걸어오게 한 많은 날들을 미안해합니다

내 길 위에
그대를 세울 때
꽃 길 만들고
꽃가마 태우고
먼 길 산천 구경 하면서 가자 했건만
고행길
눈물길
동행하게 했음에 미안해합니다

내 길 위에
그대 손잡았을 때

멋진 사랑으로 사랑만 먹고살자 하고선
삶에 바빠
그대 손 놓고
일에 매달려
그대를 잠시 잠시 잊고
사랑에 목마르게 했던 날들을
미안해합니다

아직 가야 할 길이
왔던 길만큼 보이기에
내 길 위에
다시 그대를 세우고
같이 손잡을 수 밖에 없음을 미안해합니다

하지만
그대여!
그래도 이제는
그대를 조랑말에라도 태우고
그대와 담소하며

그대의 어깨도 주물러 주면서
달콤한 사랑 이야기 나누고
그대에게 바치는 글이라도 읊으며
시름의 반은 없애고 갑니다.

그대여!
그대,
참, 아름다운 사람입니다

그대의 맹세

잊지 않으리라
기억하리라
시간의 벽을 넘고
공간의 거리란 없으리라
맹세하고선

시간은 흐르고
거리는 좁혀지지 않기에
간절한 그리움 떨쳐버리고
망각의 노예가 되어
나를 잊으시나 봅니다

마음속에 담았던 징표로
장미를 키웠건만
잎만 무성하고 꽃은 피지가 않았습니다

그래도
잊지 못한 내 마음은

별마다 등불을 밝혀 오는 길 비추고
밤마다 잊지 마라
달 속에 내 얼굴 걸어둡니다

고운 사람

라일락 향일까
장미향일까
이 계절의 아카시아 향일까
고운 사람에겐 향기로운 내음이 난다

탐스러운
하얀 진주 주렁주렁 매달고
온 숲 덮고서도 시치미 뚝 떼고선
향기로 가득 채우는
아카시아꽃처럼
벌 나비 부르듯 정겨운 사람들,
다정한 미소 듬뿍 안은 사람들을
끌어당기는 마력으로
언제나 질리지 않는 향기를 낸다

시나브로
스며오는 향기로움으로

먼 발치에 있어도
고운 사람인 줄 안다
내 사랑은

그대라는 곳에 머물 수 있다면

비바람 몰아치는 길
태양이 불타는 길
마다하지 않겠습니다

그리움에 대한 갈망
사랑의 열정 놓지 않고
그대에 가는 험난한 여정이라 해도
마다하지 않겠습니다

보고픔 가득 품고
그리움 가득 안고
눈물 뚝 뚝 떨어지는 그 길 위에
그대의 사랑 넘치는 품으로 달려가
부르튼 발과
눈물 범벅이 되고
헝클어진 머리에 볼품없는 모습 되어도
마다하지 않겠습니다
그대라는 곳에 머물 수 있다면

따사로운 눈빛이고 싶다

따사로운 햇살 쏟아져
짙어진 초록이
사랑스러울 때는
머리에 내린 은빛도
얼굴에 피어난 검버섯도
세월이 그어 만든 잔주름도
하나같이 이쁘게 보인다지요

심통진 마음에는
모든 것
하나하나
추하게 비치어 온다지요

그대 바라보는
내 눈엔
따사로운 햇살 내린
초록 짙어진 계절이고 싶어요

몰라주는 사랑

내 사랑 알아주지 않아
찔레 꽃으로 피고
가슴 열어 보이지 못해
석류로 익어 속을 보인다

꽃을 찾는 나비
나비를 부르는 꽃의 섭리로
노래로 화답하는 새소리에
가만 고개 돌리며
눈물 흘리는 사랑아!
꽃과 나비가 어우러진다고
다 사랑의 탄성이더냐

내 사랑의 나래는
그대 향한 사랑의 날갯짓일 뿐이다

사랑의 변증법

몸은 보내고
마음 보내지 않으니 그리움이다
몸도 보내고
마음도 보내니 결별이다
몸은 남기고
마음은 떠나버리니 외로움이다
마음만 남기고
몸은 떠나니 이별이다
마음도 남기고
몸도 남으니 사랑인게다
사랑이란
몸과 마음이 함께 하여
그리움과 환희를 쌓아가는 축복인게다

그대에게 주는 헌시獻詩

고혹의 향기가 피어난다
단아한 모습에
부드러운 음성
꿈길로도 찾아오는 매력의 여인이여!

장미처럼 화려하면서도
사치스럽지 않은 자태여
도도함에 머물러
말 건네기도 두려운 위엄이여

잔잔한 미소 머금고
온화한 말씨로 포근함을 부르면

마음의 문을 여는 당신은
한 송이 꽃인가
춤추는 나비인가
눈 마주치면
설렘으로 다가오는 여인이여

찻잔에 어리는 사랑

커피향으로 번져 오는 건
잊혀진 세월의 유혹이었다
버려진 사랑의 채취였다

내 마음에 남기고 간 흔적은
로스팅된 향으로 찻잔에 담겨 오고
안개처럼 피어오는 얼굴은
아련한 날들에 대한 나의 기억이다

뚜렷해진다는 거짓말로
나를 속여보지만
세월은 생각의 끝자락에서
가물거린다

돌아보면 아스라한 날들
찻잔에 여운으로 남는 향기

그대는 모르시나 봅니다

가슴 가득 안겨 온 것을
그대는 모르시는 것 같네요
그대의
눈동자 속에 잠들어 있는
나를 발견하지 못했나 봐요

노을 너머 먼곳을
넘다드는
애틋한 그리움은
사랑을 기다리는 아픔이라
생각했어요

이렇게
황홀한 고백을
날마다 되뇌어도 지겹지 않은 까닭은
설렘과 행복감이
꽃향기처럼 온세상
가득하기 때문입니다.

자고 나면
새롭게 안겨오고
자고 나면 새로워지는
그대의 변신으로
사랑의 향기에 취하는 기쁨
그대는 모르시나 봅니다.

다시 쓰는 편지

낡은 추억이
빗물에
씻겨 가고
퇴색되어 가는 추억마저
흐르는 시간 속에
바람결로 흩어지면
그리움도 커피향에 얹혀
날려 갈 것입니다
외로움에 기댄 추억으로
인연은
그리움에도 숨어 산다지만
나는
미소로 답할 겁니다
그대가 있어
외롭지 않고 그립지도 않고 행복하다고
부치지 못하는 편지를 쓸겁니다

사랑의 서약

시간과
인연과
매혹의
눈부신 어울림으로
그대를 만나고

배려와
애정과
열정이
끝없이 어우러져
그대와 함께 하고

믿음과
소망과
사랑과
아낌없는 헌신으로
그대와 영원토록 함께 하네

님 가는 곳 따르고 싶다

별빛에
빛을 더하여
사랑을
달빛에 싣고
밤마다 은하 타고 흐르고 싶다

햇살에
따사로움 더하여
그리움
돌밭의 아지랑이로
피어나게 하고 싶다

외로움
담담하게
구름으로 바람으로 별빛으로 오면
사랑을
구름에다 바람에다 별빛에다 담고
님이 가는 곳
어디든 따르고 싶다

꿈속 편지

그대 그리워하는 마음
사랑하는 마음
말보다 글로 표현하여
어떻게 속 마음 전할까
고심 고심하다 잠이 들었네

절절히
내 사랑하는 마음
꿈속에 써 내려 가보지만
눈 뜨자
까마득한 언어가 되어버렸네

어떤 사랑의 내용이었기에
입가에 미소 가득하였고
단어 하나하나
살가운 표현에 그토록 만족했을까

그 언어
그 편지 훔치려
다시 잠을 청하네

그대라고 부르면 향기 나는 꽃이 됩니다

수수하게 감겨진 머릿결로
샴푸 향 풍기고
단색의 하늘빛 원피스 입은 채
단아한 모습으로 거리를 나서는
사랑스러운 그대를 보노라면
장미꽃 빛이
장미꽃 향이 납니다

아침 이슬 머금은 눈빛
석양빛 담은 홍조
노을빛 스민 그리움으로
그대라고 부르면
반짝거리는 눈부심으로
향기에 겨워
아름다운 꽃으로 태어납니다

그대라고 불러 향기로운 때
그대의 그림자마저도 황홀하게 뒤 따르는

그대이기에
그대를 더욱 향기롭게 하기 위해
그대라 부릅니다

쫓기는 일상속에서
그대의 향기를 느끼기 위해
그대를 부릅니다
나의 장미여!
나의 그대여!

꽃 속에 숨은 사랑

그대 사랑,
꽃으로 피어라
얼마나 어여쁜 꽃이 많으냐

작고 향기 짙고 화사한
봄꽃으로 피어나려하느냐
큼직한 미소로 녹음을 희롱하는
여름 꽃이드냐
산들바람에 은은히 퍼져오는
가을꽃으로 피어나려느냐
아니면 추운 겨울도 꿋꿋이 이기고
홀로 외로움도 참아내는
겨울 꽃이드냐

이왕
날 위해 필 꽃이면
그대
장미로 피어나라

장미에는
가시 품은 도도함이 있나니
장미에는
끝없는 사랑의 열정이 있나니

그댈 위해서라면
나는 나비로 날아 춤출 테니
흰나비, 노랑나비,
오색나비, 제비나비, 호랑나비……

그대 원하면
이쁜 나비 아니라
보잘것없는 나비라도
하늘하늘 춤추는 나비 되리니

그대 사랑
꽃으로 피어라

행복한 고민

고운 마음 꽃씨로 뿌려 둔 길로
푸르른 들녘에 햇살 이끌고
기도하는 마음 담은 산들바람 데리고
휘파람 불며
그대에게 가고 있어요

길이 거칠고 험하면 어떠리오
길 따라 바람 따라
그대에게 가는 길 즐거움뿐인데
콧노래 흥겹기만 합니다

꿈결같은 시간의 끝자락에서
그대를 만나면
세월도 멈춰 세우고
사랑만으로도 모자람 없는 축복
행복의 날들로
천년만년 함께 하렵니다

그대 만나는 날
이름 모를 꽃들로
꽃다발 만들어 장식하고
사랑도 한 아름 더불어 안고 선
어떻게 사랑한다고 말할까
행복한 고민합니다

그대, 나의 아침이 되어 주면

밤이 오는 소리
그리운 이의 발걸음 소리

가슴 가득 품어도 그리운 이야기
이야기 속으로 흐르는 눈물 소리
밤은 시간을 아끼고
그리움은 술잔에 출렁인다

그리움은
술을 마시고
술은 그리움을 마시고
하염없는 이야기에
아침이 동녘에 걸렸다

새들의 지저귐 높고
꽃향기 가득 집안에 퍼지고
가구마다 사랑의 손길 닿아 반들거리고
활기찬 음악이 오늘을 여니

꿀 먹은 어제와 달리
생기 찬 노래와 웃음
그래
사랑은
행복의 소리를 낸다
아름다운 이 함께 하면

나의 그대라고 부르는 까닭입니다

내 가슴에 있는
모든 것을 알지 못해도
내 행동의
모든 이유를 알지 못해도
따스한 눈빛으로 감싸 안아 주는 마음

내가 그대라고 부르는 이유는
따스한 가슴으로
언제나 날 안도하게 하는
편안함 때문입니다
당신의 따스한 언어가
언제나 날 새롭게
일으켜 세우기 때문입니다
당신의 모습이
언제나 그리움으로 일렁거리기 때문입니다.
아니요
당신의 사랑이
언제나 가슴 벅차게 하기 때문입니다

바라만 봐도 좋은데
길을 가다가도
자투리의 시간마다에도
당신 때문에 살고 있다고 느끼기에
내가 당신을
나의 그대라고 부르는 까닭입니다

꽃으로 피어남에

누군가 너를 좋아하는지
묻지 마라
누군가 너를 이쁘다고 하는지도
묻지 마라
모름지기 꽃으로 피어난 것만으로도
이쁘지 않느냐
사랑스럽지 않느냐

장미로
백합으로 피어나지 않아도
보잘 것 없는 미소지만
누군가에게 위안이 되고
힘이 될 수 있다면
뜨락 모서리를 차지하고 앉아도
꽃으로 피어남이
행복하지 않겠느냐

봄비에 지고
녹음에 지고
갈바람에 날리어 가버리는 꽃이라 해도

잡초니
들꽃이니
호박꽃이라 불러도
쓸모없지 않은 꽃이 없으니
꽃으로 피어나고
꽃으로 자라 제 역할 다했으니
이 또한
자랑스럽지 않느냐
행복하지 않느냐

오직 그대뿐

기억의 언저리를 떠돌아
그립다 하지만
그립다고 다 사랑하는 건 아니야

꽃이 이뻐 돌아 보지만
내가 진정 좋아하는 꽃 외에는
좋아는 하지만 사랑하진 않아

수많은 사람을 만나고 정 나누지만
내 속 드러내놓고 웃을 수 있는 건
진정한 친구뿐이 듯

나이가 들면 저마다의 길로 떠나가겠지만
이별잦은 생에 적응할 뿐이지
결코 헤어짐을 좋아하진 않아

꽃을 사랑하고 자연을 사랑하고
가족과 지인을 사랑하고

그대를 사랑한다고 해서
사랑이 헤프진 않아
여인으로 사랑하는 건
오직 그대뿐이니까

그대가 있었습니다

그리워 울다가 돌아오는 길에
그대를 만났습니다
눈물 너머로 그대를 보았습니다
해맑은 눈빛의 그대는
나의 눈물마저 닦아주었습니다
그대의 눈부심으로

보고파 목놓아 울다가
그대가 있음을 알았습니다
힘들고 지쳐 누군가의 위로가 절실할 때
이 세상에 없음을 알고 울다 울다
그대의 따스한 말 한마디가 큰 힘이 됨을
알았습니다

버거운 고난이 닥쳐와
세상이 나를 버렸다고 소리 소리치며
울부짖을 때
그대가 내 곁에 있음을 알았습니다

세상이 나를 외면해도
그대는 나를 지킬 것이란 걸 알았습니다

세월은 유수같이 흘렀고
늙음이 오는 소리에 소스라쳐 놀라고
은빛이 점점 머리를 차지하고
예전 같지 않은 열정과 체력의 한계가
젊음을 벗어 버렸을 때도
여전히 그림자처럼 곁에 있는
그대를 발견하고 안도합니다

예전의 그대가 눈부심이었다면
지금의 그대는 따스한 황홀함입니다
나에게 연인이고
오래된 친구이며
인생의 동반자이며
나의 영원한 반려자인 그대
그대가 있어 세상은 살만하고 빛이 납니다
그대여!
너무나 사랑합니다.

나에게 장미꽃을 바친다

사랑하고파도 사랑 못한 시절
삶에 쫓겨 곁눈질 할 여유가 없어
사랑을 접어 두었던
내 젊은 날의 돌보지 못했던 청춘에
장미꽃을 바친다.

왜소하고
보잘것 없는 외모에
숱한 그리움을 그리움으로 남기지 않고
그래도
사랑하고픈 사람에 꽃다발 들고
줄기차게 사랑을 호소하여
사랑을 성취한
내 열정에
장미꽃을 바친다

아무것도
없는 상태에서 성실이라는 이름으로

꿈을 키우고 사랑을 키우며
목표를 향해 꿋꿋이
살아온 내 삶이
떳떳하고 부끄럽지 않았기에
내 노력과 정열에
장미꽃을 바친다

부모님을 사랑하고
내 가족과 내 형제를 사랑하고
내 친구와 내 동문과
내 직원들과 내 지인들을 사랑하고
충실히 애국자가 되려고 노력하며
끊임없이 분발하고
도전하는 나의 충효애에
장미꽃을 바친다

못난 나를
인생의 반려자로 받아주고
나의 변덕과 나의 허물을 감싸안고

나의 조력자로서 나를 존중하며
날 사랑해준 사랑을
변함없이 사랑하고 또 사랑하고 있는
장한 내 마음에
장미꽃을 바친다

제2부

향기 사라지던 날

향기 사라지던 날

매화 향 추위를 뚫고 오던 날
서둘러 봄을 불러들이고
봄비 속으로 떠났던 사람
안녕이라는 말하지 않았지만
향기 사라진 날
먼 이별임을 알았습니다.

뜨거운 태양이 녹음을 외면할 때에야
봄비 속으로 떠난 사람이
향기마저 가져간 것을 알았습니다.

가을이 들꽃의 향연을 준비하고
가을의 향기를 내뿜어도
이별의 그림자 위에
촉촉이 젖은 이슬은
낙엽을 준비할 뿐
봄날의 향기는 기대할 수 없었습니다.

봄비 속으로 떠날 때
약속한 사람은
향기마저도 남기지 않았습니다.

이젠 그 그리움 잊고자 합니다

그리운 이의
이름 석자가 생각나지 않았습니다

그리운 이의
얼굴도 가물가물합니다

아스라히
기억하지 못한 이름과
어렴풋한 모습인데도
그리운 까닭은
무엇 때문인가요

그리운 마음만 간직한 채
보석 같은 추억은
비밀의 방에 봉인하고
현실을 쫓아
야수처럼 헤맨 까닭입니다

그 이름 석자 잊어 버리고
얼굴마저 가물거려도
따스하고 포근했던 울렁임을
심장은 기억하고 두근거리고 있었네요

인생에 가을이 찾아오고
그리웠던 마음도 떠나야 할 때를 알기에
웰다잉의 지혜를 가져야 하고
이젠
그 그리움 잊고자 합니다

그리운 이여

그리웁다 하기도 지친 하루이기에
언제나처럼
손 내밀어 봐도
허공에 맴도는 얼굴입니다.

그리워
가슴 에이는 아픔으로
나지막이 불러보는 이름이지만
빈 메아리로 돌아오는 보고픔은
간절함만 확인할 뿐
눈가에
이슬만 내리게 합니다

사랑하는 사람이여!
내 그리운 이여!
보고파 되뇌이는 이름이여!
눈에
담아둔 그대 영상을

오늘은

영원히 놓쳐 버린다 해도

지금은 함께 하렵니다

이별인 줄 알았습니다

꽃 피고 새 우니
봄인 줄 알았습니다
단풍 들고 열매 맺으니
가을인 줄 알았습니다

살포시 다가와
미소 짓고 행복하니
사랑인 줄 알았습니다
아,
그대 떠나고 마냥 그리우니
이별인 줄 알았습니다.

독백

그대여!
나를 잊으셨나요
바람결에 내 향기 실어 보내고
달 속에 내 모습 담아 띄워 보았건만
꿈길에도 보이지 않는 님
그대 나를 잊었나 봅니다

밤새 내린
빗소리
혹시나 그대 발자국 소린가 하여
두근거리는 마음 숨기기도 하고

별 초롱초롱한 밤엔
별마다 내 마음 반짝이게 했건만

바람결에도 없고
꿈길에도 보이지 않는 님
그대 나를 잊었나 봅니다

바람같은 인연

사랑도
꽃처럼 피었다 시드나 봅니다
꽃진 자리에 열매 맺고
사랑도 계절 따라
변하나 봅니다

그대 사랑은 봄날의 벚꽃같이
단번에 피어올라
갑작스레 사라져 가지만
내 사랑은 가랑코에 같이
진자리마다 사계절 내내
그대 바라보는 별꽃이 되는데
그대 사랑은
봄비 한 번에 무너지네요

약속한 사랑이
행여 되돌아 올까 싶어
옷깃 스치는 소리에도 화들짝 놀라

눈물 머금고
바람 속으로 걸어가는
외로움입니다

비워져 있는 곳에

마음 한 컨 비워진 자리는
그리움이었을까
외로움이었을까
사랑이었을까
추억이었을까

어느 날부터 자리한 그곳

채워져 있지 않은,
채워지지 않는
그곳으로부터 공허라는 언어를 만들고
그곳엔 언제나 가을이었다

잠들어도
꾸어지지 않는 꿈이
파수꾼처럼 지키는 마음 한구석으로
밀려왔던,
밀려오고 있는 것은

다신 보지 못할 그리움과 사랑에 대한
갈증
파고 높은 바닷가에 등대처럼 섰다

이슬비

장미를 따라 왔나 봅니다
알지 못하게 살며시
고개 내밀 듯
울면서 오고 있습니다
비가 된 마음이
가슴 아리게 하며
까닭없는 아픔의 기억을 되새기며
촉촉히
내리고 있습니다

꽃은 지더라도

청춘의 화사한 꽃들은
아름다운 순간들을
사랑의 밑거름으로 남겨둡니다

핀다고 하여
다 영글지 못하는 걸 아는지
떨어지는 꽃잎이
미련에 눈물 머금고
마지막 봄비 그윽한 날
떠나갑니다

내일을 기약할 수 있다면
빗속으로 떠나는 꽃잎 서럽지 않으련만
기약 없는 이별에
때 늦은 봄비도
안타까워 눈물로 내립니다

나에게도 잠 못 드는 밤이 있다

별이 내리고
생각 달그림자에 어리는데
그리움 어둑서니
호숫가 언저리에 기대어 서서
버들잎 하나 둘 세고 있다

잠 못 드는 밤
뒤척이는 소리마저 조심스러워
어리마리한 눈가에
사무치게 그리운 이의 얼굴 어른거려
달빛도 슬그머니 눕는다

새벽닭
홰치는 소리 들리지 않지만
희붐히 밝아와
아침을 알린다

나에게도 잠 못 드는 밤이 있다

회상

떠나면
마음까지 비워야 하는데
비 내리는 날 떠나지 않아
씻겨 버리지 않고
고이 남겨져 있었네
임 그리는 마음

어제도 오늘 같고
오늘도 어제 같은 날들에
그날은
유난히 맑은 하늘 품은 날이었지

떠나는 걸음 무거워
뒤돌아 보기를 몇번
아쉬움은 남기는게 아니란 약속이
물거품 되고
메아리 되고
그리고 세월은 흘러
아득한 날이 되었네

보낼 때를 아는 이

떠날 때를 알고 떠나는 사람의
뒷모습만 아름다운가
보내야 할 때를 알고
미련 숨긴 채 보내는 이의
마음 또한 얼마나 아름다운가

서로의 길이 달라
어긋난 인연의 갈림길에서
세월에 떠밀려
가야할 때를 알고
보내야 할 때를 아는 지혜가
아름다운 꽃으로 남고

쓸쓸한 뒷모습
눈물 자국도 감춘 채
처연한 이별을
고운 그리움으로 남기는 이의 모습

돌아 올 기약 없어도
보낼 때를 알고
가슴 쓸어 안는 애련한 모습은
얼마나 고운 아픔인가

그대 떠나갔나요

가벼운 인연이었다면
말 건네는 것도 무의미한 일이었을 텐데
마음 건네고
정 나누고
사랑도 듬뿍 주었는데
마음속에 이름 새기고
버리고 돌아서는 발걸음 가볍더이까

쉽게 잊어질 인연이었다면
눈길조차
주지 않았을 텐데
기도하는 마음 만들고
그림 같은 추억 만들어 놓고
휑하니 손수건 흔들고 가버렸나요

몸만 가고
마음을 남겼나요
몸도 가고 마음도 함께 갔나요

기다림 없도록
오지 않을 길이라면 마음도 가지고 가시지

먼 날
먼 그리움에
세월만 덧없이 가버렸구려

이제 잊어야 한다면

이제 잊어야 한다면
이제는 기억에서 지워야 한다면
아무짝에도 쓸모없는 솔개비지만
그대 방을 덥히는 불쏘시개로
혼을 불태우리다.

혹시나
그대일까
달그림자에도 눈 돌린 나의 미련이
긴 세월 흐른 뒤에도
달그림자에 또 놀라고

어쩌다
우연히 스쳐지나는 행운이 있을까
머뭇거렸던 옛길 위에
흔적을 남겨 놓고
종잡을 수 없는 마음을
함초롬이 꽃으로 피워 봅니다

이제 잊어야 한다면
이제는 기억에서 지워야 한다면
기나긴 세월 지난
내 영혼도
내 육신 마저도
떠나야 할 길 위에 놓으리다.

행복하냐고 물었나요

행복하냐고 물었나요
그래요, 행복합니다
가끔은
가끔은 알 수 없는 눈물을
흘리는 때도 있지만

행복하냐고 물었나요
행복합니다
가끔은
가끔은 눈부신 푸른 하늘이
시린 날도 있지만

행복하냐고 물었나요
그럼요, 행복합니다
가끔은
가끔은 잊혀진 얼굴이 생각나지만

살아가며 가끔은

살아가며
그리움 하나쯤 품어도 좋겠다
눈이 부시게 푸르른 날
가끔 알 수 없는 누군가를 그리워하고
누군가를 기다려 보며
눈가에 맺힌 의미 없는 이슬일지라도
그리움 하나쯤 가졌다
이야기할 수 있으니

살아가며
가끔은 눈물 한번쯤 흘려도 좋겠다
행복에 겨워 미소 머금고 살아도
사랑에 겨워 삶의 향기 향기로워도
아픔 가진
누구네 눈물의 이유를 알고
누구네 아픔의 크기를 알고
공감하여 위로해 줄
거짓 없는 마음을 가질 수 있으니 말이다

살아가며
가끔은 혼자이어야 한다
사랑 가득 받고
사랑 나누고 외로움 모르고 살면
지금의 사랑에 겨운 투정으로
고마움 모르고 살아갈까 봐
가끔은 한번쯤 혼자이어야 한다

살아가며
자기가 가진 것에 대한
고마움과 만족을 모를 때
우리는 또 얼마나 불행하며
원망과 야속함을 느끼며 살까

살아가며
가끔은
그리워하고
눈물도 흘리고
떨어져 혼자가 되어 보아야 한다

제3부

봄별 사랑

삼월의 향기

수줍어
돌아선
그대에게서
봄 향기가 났습니다

봄비가
꽃을 시샘하여
대지를 적셔 감추어 버리려 해도
따사로운 당신의 미소에서
봄 내음은 대지를 녹였습니다.

사랑의 전령은
봄볕으로
산들산들 꽃들을 데리고
삼월을 찾아온 새싹들의
애틋한 사연을 움트게 합니다

삼월은
향기로운 언어입니다.

영도 봉래산 산행

오솔길
길마다 양지바른 곳에
터 잡은 얌치 꽃들

나목들은
겨울잠 아직 깨어나지 못했는데
남산제비꽃, 진달래꽃, 생강나무 꽃
향기 넘치고
사방오리 꽃 너머
냄새 고약한 샤스리피 꽃도 피었네

걸음걸음
정겨운 걸음 사이로
알음 지식 전해주는 이
고운 마음도 꽃으로 피고

덩달아
송악, 마삭 넝쿨 우겨진 길가에

별꽃도 숨어 피어서
가만히 눈 맞춰주면
여기요
손든 보라색 미소의
현호색도 존재감을 보이는
봄 산행길

산들바람
가슴 가득 안겨오는
봄길 꽃길
꿩의바람꽃 희망도 안는다

몸살

한 겨울
모진 한파 잘도 이기고선
또다시
새 움 틔우려
혼신의 힘을 다하는구나

모두들 꽃피우고
향기 은근하니
뒤질세라 붉어지는 태동
네겐 버거움인가

잔가지마다
생명의 봄볕 받아들이다
힘에 겨워 터트리는 울음

네 어깨 위나
내 어깨 위나
삶의 무게가 무거워

나목의
뼈 마디마디마다
통증으로 울어대는 신음
몸살을 앓는 중이다

봄비의 재촉

흠뻑
비 머금고
봄의 축제를 준비하기 위해
앞다투어 나서는
꽃님들의 즐거운 비명

너에게 내가 반하고
나에게 네가 반해
터트리는 꽃망울

단아한 몸매와
매혹의 향기 지닌
매화가 지기도 전에
노란 폭죽을 터트리는 산수유
간 밤에
순백의 드레스 입고
사뿐 인사하는
목련의 청초함이 눈부신 날

풋풋한 사랑

넌지시 건넨다
너에 대한 마음

넌지시 받는다
나에 대한 관심

아직도
설익고 풋풋한 사랑이

내 몸속에
자라고 있었네

생경스럽게

벚꽃 길

꿈길인 듯했다
환한 미소가 몽글 몽글
고운 맵씨 단장하고
길가에 늘어선 환영의 손길
춤추는 나비의 무리가
사랑 노래 부르는 합창단인가 했다

웃지 않을 수 없고
행복해지지 않을 수 없는 길을 따라
미소는 이렇게 찾아오는가 보다

화사함과
따스함이 꽃으로 피고
무리 지어온 축복을
사뿐거리는 춤사위로 맞이하며
마음까지 가벼워지는
즐거움과 기쁨이 환호하는 꽃길

봄날의 공허

봄볕 가득해
산과들에 꽃 잔치 벌이고 있는데
명지바람 따라
꽃비 따라
내 마음에 쓸쓸함이 내리고 있다
화려한 세상에
허허로운 맘 띄우고선
꽃잎 다 떨어지기를 바라는
얄궂은 심보
나홀로 허수하다

봄을 보내는 마음

아지랑이 도란거리더니
꽃비 따라가버리네요
칭얼거리던 봄볕도 주고
바람 따라 꽃비 따라 막연히
떠나갑니다.

다시라는
기약을 남기고
아쉬움도 설움도 남겨둔 체
빗방울 머금은 사랑은
강으로 바다로 떠나갑니다.

덧정으로
봄볕에 머물렀다
꽃으로 피어 꽃잎 날리고
민들레 홀씨처럼 떠나간다면
꽃향기 향기로운 봄
오지도 말고 피지도 말고
흔적도 남기지 말아요

비 온 뒤
난분분한 마음
아련한 여운 속에
쓸쓸한 그림자가 찻잔에 어른거립니다

꽃비

하얀 나비의 무리가 춤을 추면
순백의 영혼이 거리를 장악하고
하늘거림이 눈꽃되어
봄을 지나고 있다

저만치 앞선
계절을 따르는 듯
꽃비가 바람따라 날린다

벌써
이별인가
아쉬움의 짧은 만남을 뒤로하고
아직
준비되지 않은 헤어짐이
꽃비되어
거리마다에 하늘거린다

봄볕 사랑

사랑이
아롱아롱 피어 오더니
그리움이
하늘하늘
날리어 간다

그대에게 가는 마음
막아서 봐도
그대에게 가는 마음
아지랑이로
피어오르네

꿈을 보내며

꿈처럼
스쳐 지나간다

아름다움을
보지 못하는 어리석음으로
향기도 향기롭지 않게
느껴져 오는 마음의 병

꿈꾸듯 고운 나래짓 해도
까마귀의 날갯짓으로 보는
선입견으로
그대의 눈빛이 흐려지지 않기를
바라는 마음

고상하기를 바라는 것인가
흐트러진 모습이기를 바라는 것인가
알 수 없는 봄바람으로
봄은

상끗이 왔다가
봄비로 떠나가라 하네
허우룩히

신록이 짙어져 가면

내 가슴에도
신록이 짙어져가면
꽃잎 떨구고 난 자리에
붉은 열매 자리할 터전 마련해 놓고

햇볕 가득 안고
결실의 밑거름으로
정열을
한 계절 내내 쏟아 부어야지

소나기도
뙤약볕도 피하지 않고
간절한 기도의 마음 더하여
성숙의 시간이 주어질 동안

신록이 녹음되어
내 그늘이 그대의 안식처 되면
영글어가는 열매만큼이나
내 사랑도
고운 열매 맺어 영글어가겠지

장미에게

눈부셔
눈이 부셔 바라보지 못할까 하여
태양의 정열을 품었네

기품이 넘치는
사랑으로 유혹하면서도
설부른 대면엔
정중한 예의 갖추라고
따끔한 충고를 감추었네

도도하고 화려한 몸매
빛나는 붉은 자태
고혹의 향기 담은 미소
끝없는 칭찬으로도 모자라는
5월의 여왕이여!

제4부

와인잔에 우정을 채우고

와인잔에 우정을 채우고

와인 속에 숨겨 두었던 풍미가
노래로 울려오고
가슴에
묻어 두었던 바램들이
노을 되어 오는 저녁

와인에 젖어서
와인 잔에 가득한 울림이여

가슴에 쌓인 정이
동이 나는 순간들에
잔 기울인 우정들이
별빛 흐름으로 밤을 채우면
그렇게
밤도
샴페인의 거품으로 은하를 이루겠네

와인에 어우러져

언제나 정겹게 만나는 모임
이번엔 달포 만에 정겨운 모습과
좋은 와인을 만났다

반가움이
와인과 어우러지고
기쁨이
품격마저 벗어 버려도
서로를 감싸는 돈독함이
와인이 되었나 보다

마시고
나누는 얘기
와인 잔 속에서
그리움처럼 오는데
사랑하는 이들의 얼굴 가득 미소 머금고
그렇게 밤하늘과 더불어
별을 내리게 한다

좋은 와인과 좋은 친구들
황홀한 풍미와 벨벳한 목넘김으로
취하지 않을 것 같은
바카스의 속임수에 잔 들며
와인의 마력에 이끌려 갔다
그리고
잔에 가득 별을 담았다

친구야, 막걸리 한 잔 하세

친구야!
지짐이 놓고
막걸리 한 잔 들이켜고 싶다는 말
비 내리는 장마철마다
친구의 말이 녹음기처럼
다시 들려진다

친구야!
추억에 촛점이 맞추어지면
교복 입은 모습에
어깨동무하던 철없던 시절이
주마등처럼 지나가고
빗길 속으로 하염없이
나를 걷게 한다

우리의 어제가
자꾸만 희미하게 지워져 가는 것은
세월의 망각이
나이를 앞지르기 때문일까

친구야!

뭐하고 있니

일에서 멀어져 있는 친구가

아직도 일에 얽매여 있는 내게

도깨비처럼 나타나 주렴

이렇게 비 내리는 날

모든 시름 내려놓고

지짐이에 막걸리 한 잔 하세

와인 어울림

와인을 사랑해서
배움으로 동문이 되어
어울림 마당에 모여든 원우들

라이트한 와인이
익숙해져 갈 즈음에
흥겨움이
와인의 풍취와 멋을 압도하고
마음이
그랑크뤼 와인으로 만들어 버렸다

조용함보다
즐겨움이 와인의 숙성을 돕고
다정함이 오크향을 스며들게 하는
우정어린 정취

그렇게
다가오는 멋들어진 와인

세월을 안고
정을 안고
어울림이 감미되어
풀바디한 와인으로 변모케 하고
게라쥐 와인으로 변화하네

사랑 담고
인생 담고
우정 담고

잔을 부딪쳐 보자
우리들
멋과 향을 위하여~~~!!!

잔을 채워주는 사람

잔을 비우면
누군가 채워 주듯이
사랑도 비워지면
누군가 채워줬으면

파란 하늘이 눈부셔
흰구름 한 점 걸어 두듯이
마음 한편
옛정 하나쯤 남기고 싶다

황금빛 들녘에
허수아비 한 놈 세워져 있으니
얼마나 운치가 있느냐

물들어 가는 활엽수 사이사이로
그래,
소나무 그루 그루 보이니
낙엽 진 나목만 남은 겨울산에게
얼마나 위로가 될까

이젠
누군가 잔을 비우면
그 잔을 채워주는 사람이고 싶다

샤토 디켐

보르도 소테론의
퇴색한 가문 출신인 양
세미용으로 단장한
네 출신의 흔적은 볼품이 없건만
팜므파탈의 유혹을 갖추었구나

피할 수 없는
달콤한 입술을 가지고
황금빛 고혹함을 가졌으니
네 잔을 피하지 않으련다

뛰어난 명성과
치명적 매력에 더해
비할 수 없는 풍미에 취해
찬사를 보내기도 전에
입안 가득 퍼지는 향기

톡 쏘는 벌꿀보다 더 달콤한 맛
산미로 살아난 신선함에
또다시 잔을 청한다

주인 잃은 와인 잔

그대와 함께 할 자리
그대는 없고
주인 잃은 와인잔은
빈 가슴으로 기다림을 품고
디켄터 속의 와인은 향기를 내지 않는다

그대 앉을 자리엔
허허롭게
빈 잔과 빈 의자만 자리하고
나는 샴페인에 빠져
그대라는 사람을 기포 속에서 찾고 있다

취한 밤은
샴페인에 화이트에 레드에 포개어
구미로 유혹하지만
허전함을 안겨준 그대 생각에
와인도 머물 곳 몰라
잔속에서 헤매고 있다

와인은 시가 되네

부케 향
오감을 감치니 사랑이라네

그리운 정
입안에 맴도니 우정이라네

정겹고 흥겨워
시간을 잊은 담소 나누니
시가 되었네

술 마시는 날

술이 왔네
설움으로
바람으로
사랑으로

슬프니 설움으로 오고
그리움 휘날리니 바람으로 오고
그대 좋아라 사랑으로 오네

설움은 눈가에 스며들고
그리움은 한 잔 술에 녹아들고
사랑은 술잔 속에 숨어 있네.

물 같이 흘렀네, 세월

친구야!
39년이란 세월
눈 깜빡할 사이에 흘러갔구나
이제 떠나는 자리
공직의 굴레 벗어나 떠나기에
시원섭섭하다는 말이 가슴에 와닿겠지

아득할 것 같은 시간이
지나고 나니 촌음이 되었다
과중한 업무도
그렇게 어깨를 누르던 책임감도 내려놓으렴

사랑과 존경과 그리고 미움도
함께 안고 서 있어야 했던
인생의 빛나던 자리
조용히 뒷자리 차지하여 서운하겠구나

그래도 지금 부러움 살 만하다
아들이 아버지에게 퇴임식 인사로 주는 편지

사랑과 존경이 듬뿍 담긴 내용과
아버지를 존경하고 따르며 그 마음 알아주던 말
누구나 부러워하고 있었다
아내의 따뜻한 위로의 말
사랑으로 가득한 편지에
삶을 헛되이 보내진 않았구나 하는
자랑이 담겨있어 위안이 된다

친구야!
정말 수고 많았다
그리고 가정에서나 직장에서나 우정에서나
친구가 보여준 그 자세가 모범이었음이
뿌듯한 자부심으로 다가온다

이제 남은 삼분의 일 인생
잠시 쉬면서
대붕의 큰 꿈을 꾸길 바란다
멋진 인생 2막을 위해
축배의 잔을 높인다
건배~~~~!!!

제5부

가을이 보낸 편지

가을 하늘

비췻빛 고운 하늘
속살을 드러낼제

눈부신 푸르름에
눈시울 적시옵고

다정은
창공에서
가을 안고 오더라

가을이 보낸 편지

소슬바람 너에게 보낸다
지난 여름 태양을 향해 절규하던
아우성들이 많았지만 꿋꿋이 침묵하며
네 자리 지킨 보상으로 보낸다

그리움으로 파란 하늘 바라보라고
눈부신 푸른 창공도 보낸다
꿈도 이상도 사랑도 그리움도
모두 저 푸르른 하늘에 담고
이 가을엔 한번쯤 주위를 둘러보는 여유를
가지라고 너에게 보낸다.

삶에 찌든 각박한 날들 속에서
풀 내음 맡고 고추잠자리 보고
들로 산으로 걸으며
상쾌하고 행복한 시간 가지라고
꽃향기 가득한 온갖 들국화도 함께 보낸다

고개를 들고 먼 산과 들을 바라보렴
풍요의 결실을 너에게 주고
오색 영롱한 단풍 든 산천도 너에게 주마
넓은 마음으로 소외된 사람들에게도
눈길 돌리라고 이 아름다움 가득한
가을을 주마

누구는 기도를 하고
누구는 우수에 젖고
누구는 사랑에 빠지겠지만
내가 너에게 주는 선물은
익어 결실을 얻은 계절의 풍요를 나누고
다가올 차가운 겨울을 위한
사랑의 마음 품길 간절히 원한다
내가 너에게 주는 환희 넘치는 이 가을을
복되고 따스함 가지고
베푸는 마음 가지는 시간이었으면 좋겠다.

9월에

그대를 생각하며
비 내리는 창가를 바라봅니다.
풀어 놓은 마음이
향기를 찾아 헤매듯
9월의 창가로
가을이 창문을 적시며 다가옵니다

그대를 생각하며
커피 향 짙은 잔에 입을 대고
그저 행복에 겨운 미소를 띠면
가을은 아름다운 그대가 되어 다가옵니다.

9월은
송이 향 가득한 식탁을 생각게 하고
그대를 생각하는 여유를 가지고
빗속을 걸어도 보고
푸른 하늘과 싱그러운 들꽃 향을 맡으려
발길을 유혹할 것입니다.

강쇠바람 부는 9월은
잊었던 사람들에게 안부를 묻고
지난 더위에 노고를 이야기하고
그대와 공원의 벤치에서
사랑을 속삭이고
낙엽이 물들어가는 것을 바라볼 것입니다

가을맞이 서정敍情

잎새는 그리움에
지쳐서 물들고
하늘은 보고픔에 사무쳐
푸르릅니다
가을은 기다림의 무게에 눌려
고개를 숙이고
들꽃은
만남의 기대에 들떠
꽃을 피웁니다.

그리운 이 눈가의 이슬은
풀잎에 맺히고
사랑하는 이의 심장 소리는
풀벌레 소리로 들려오는데
머나먼 곳으로 떠난 이들 모습이
아른거리며 다가오는 계절입니다.

샛바람 따라오는
고운이의 모습 그리며
흔들려 나부끼는 마음이
가을의 어느 길목에 서 있습니다.

결실

네 튼실함이 자랑스럽다
봄,여름 지나
비바람 거셈을 이기고
작열하는 태양과 싸우며
긴 시간을 이겨낸
봄꽃 자리의 열매여!

고난을 이기지 않고
따사로운 햇살만을 받은
가을꽃 피운 자리엔
풍요한 결실이 없나니

우리네 인생 또한 그러하다

가을 사랑

가을 걸음으로 오는 그대
들꽃 향을 담고 사뿐사뿐 오네

봄꽃은 눈으로 왔고
가을꽃은 가슴으로 안겨 온다
모든 걸 다 바쳐 맺은 향기
화사하면서도 사치스럽지 않구나

다하지 못한 말들
이 계절 가기 전에 고백하고자
몸을 물들이고 꽃으로 피우기에
더욱더 애틋한 사랑이지

삭풍이 오기 전
님에게 보내는 노래
갈바람은 떨림과 두근거리는 마음을
갈대를 흔들어 나타내건만
가을꽃은
꽃잎도 날리지 못한다.

가을비 속을 걸으며

주룩주룩
내리는 빗속을 하염없이 걸었다
우산 받쳐 든 손엔
그리움도 받쳐 든 채
비는 피해 가건만
추억은 피할 수 없어 가슴이 젖는다

비에 잎새는 푸르름 잃고
추억에 기억은 싹을 틔우고
비는 끝없이 내려
종착점을 잃었다

따스한 커피 한 잔에
피어 오르는 그리움
커피숍 안에는
어제의 내 모습들이
한 잔의 차에 줄줄이 눈길을 마주하고

바라본 눈빛 부러워
발길 돌린 추억은
아직
해소하지 못한
그리움을 찾아 걸음을 옮긴다

가을의 선물

가을이 보낸 선물을 받습니다
오직 하나의 선물

포장을 뜯지 않아도 알 것 같습니다
갈바람이군요

가을은 갈바람만 주었는데
참으로 많은 것을 가져다주는군요

이마의 땀방울 식혀 놓고
바람에 잎새 물들여 낙엽 만들고
낙엽에 그리운 마음 창공에 걸고
푸르른 하늘에 눈부셔 곡식은 익고
마음은 평온으로 가득 차 오지요

가을은 갈바람만 주었을 뿐인데
들꽃 향기에 취해
풍요와 함께 사랑까지 가져가라 합니다

계절이 주는 그리움

푸르름 갖췄더니
이슬 찬바람이 녹음을 훔치고
쓸쓸함 어울려
설렘 안고선 은근슬쩍 다가와 있다
그리움이

알 수 없는 기다림일까
그리운 이의 기다림일까
단풍 물들 듯
가슴 물들여 오는 계절의 유혹에
두근거림도 벌써 와있네
이 자리에

고개 돌려 보고
시린 웃음 지어 본다
그 간절한 그리움도 마음이었음을
언제나
함께 하고 지켜왔는데도
잠시 잊고 꿈이었나 했다

나무처럼

한 해가 저물어 가면
모든 걸 비워야 할 때가 다가온다

계절을 채우면
빈털터리 되는 나무처럼

인생의 시간을 채우면
빈손으로 돌아간다

꽃피우고
녹음의 그늘을 주고
열매를 주고
단풍이라는 아름다움을 주고
떠나는 나무처럼

삶의 흐름 위에 내린 채움은
희로애락을 맛보고 선

올 때 그러하던 것처럼
아무것도 가지지 못한 채 떠나간다

채워지면 비워야 한다
그것을 알 땐 이미 채워져 있다

미련의 계절

만져지지 않는 시간은
묵과할 수 없는 흔적을 안고
바람으로 스치고
단풍으로 변화를 보이며 찾아온다

쓰라리지 않은 계절 아닌 게 없건만
안기고 남기고 떠나갈 준비를 한다

스산한 바람에도 울렁이고
높다란 구름에도 애잔하고
물드는 단풍에도 설레인다

가슴은 작은 변화에서부터
남기고 떠나감을 이야기하는데

못내 아쉬운 마음은
보내지 못하고 부여잡고만 있다

시월이 주는 서정敍情

잎새엔 아직 눈물 자국도 없는데
스산한 바람 아침저녁을 움츠리게 한다
달빛은 밤마다 강가에서 노닐고
그리운 이에게 보낼 편지는 기러기를 기다린다
마음에 앉은 노래는
들꽃으로 피어난 이의 약속인 듯 들길을 수놓고
오솔길 위에 날릴 낙엽을 기다리는 시간
산마다 울긋불긋 채색을 하여도
보낼 계절의 아쉬움이 마음에 스며드는데
밤하늘 별들은 밤마다 지상으로 내려오건만
나에게 들려주는 풀벌레 소리는 이미 잠이 들었다
아직 다 피지 못한 갈대의 서걱거림도
편지를 쓰기 바쁜지 갈바람에 고개를 들고선
바삐 흔들며 가을 악보를 적어 음반을 두드려 보건만
햇살이 연인들의 이름을 잎새에 적기 바쁜 가을날 오후
길섶에 앉은 들국화 빙그레 미소 보낸다

시월로의 여행

한가닥 바람소리
풀잎을 스칠 때도
지난 여름 간절한
그 바람이 아니었지요

가슴에 움켜쥔 그 이름
지금은 아득히 멀어져
이제 그 사람 불러봐도 대답이 없어요

단풍 물들면 퇴색되는 잎새같이
떨어진 나뭇잎에 적은 세 글자
거리에 그 이름 날리고
그렇게 이 계절에 낙엽이 되려나 봅니다

푸른 하늘이 눈부신 멋진 날
오색으로 물드는 아름다운 날
그리움이 곳곳에 맺혀 있는 날
시월로의 여행길에 나서봅니다

가을 애환哀歡

청산을 닮아 하늘이런가
하늘을 담아 바다이런가

보고픔 넘쳐 그리움이런가
그리움 품어 사랑이런가

시리도록 보고파 단풍이 들고
그리움 사무쳐 낙엽이 되네

가슴앓이 병 깊어 상사가 되듯
사랑이 깊어가면 그리움 쌓이고

하늘 높아 푸르름 더할수록
아련함에 나도 낙엽이 되려나

가을을 묶어두려 합니다

가을엔
가을이 가슴에 밀려오면
그리운 이에게 붙이지 않을 편지를 씁니다
말하지 않아도 언제나 내 사랑 알 것이라는
막연한 기대를 안고
밤새 쓰고 버리기를 반복하면서

잎새 물드는 때가 되면
가을이 왔나 싶어
내 마음도 단풍으로 곱게 물들어
그대 앞에 섭니다
그대 환한 미소로
나를 바라볼 수 있도록

가을이 더욱더 깊어
물든 잎들이 거리를 활보할 때쯤
낙엽에 사연을 새기고
예쁜 단풍잎에 추억을 담아

책장 속으로 옮기고
'시월의 어느 멋진 날' 이나
'가을을 남기고 간 사람' 이란 노래를
흥얼거리며

고운 내 임이 가을에 녹아들고
사랑스러운 내 임이 가을에 빠져들면
오래오래 가을이 머물도록
가지마다 낙엽을 묶고
사랑 또한 가슴에 가두고
가을을 보내지 않으려 합니다

시월의 사람들

들국화 소담스럽고
이쁜 비단옷 입는 잎새되어
넉넉한 들녘을 가지고
시월을 거니는 여인이 아름다워요

옷깃을 여미고
파란 하늘 담은 찻잔 속 시선
국화 향기 은은히 스며든 자태로
창가에 선 여인의 모습이 아름다워요

낙엽 지는 거리를 묵묵히 걷는 남자
바스락 소리에 낙엽을 줍고
코트 깃을 올리고 벤치에 앉아
사색에 빠진 남자의 모습이 아름다워요

붙이지 못할 편지라도 밤새 쓰고
그리운 이에게 안부를 묻고
가을의 나이만큼 쌓여진 연륜의 여유로

사랑하는 이들에게 마음을 전하는
연인들의 모습이 아름다워요

시월을 노래하고
시월을 읊고
시월의 바람과 빛과 낙엽까지도
사랑하는 사람들
시월에 마주치는 사람들은 아름다워요

시월엔 아름다운 이들로 가득합니다

시월의 마지막 날

마지막 잎새
시월의 마지막 날
가지에 매달린 나뭇잎은
스치는 목소리에도
가슴이 떨렸다

돌아본
한 해는 질풍처럼 사라져 가는데
삶의 끝가지에 매달린 인생도
스치는 바람에 위태로워 보이고
아스라한 길을 돌아보게 한다

스산한 바람은 생각을 키우고
여태 사랑이
익지 않은 사람을 위해
아직도 한낮의 태양은 불타건만
뒷마당 감나무에 홍시는
손길을 놓쳐
시월의 마지막 날도 그렇게 보내나 보다

잊혀 가는 계절엔
잊혀 갈 사람들이 차례를 기다리고
밤을 새워 마실 술잔 속에서
또 얼마나 많이 버어지니아 울프를 부르고
목마와 숙녀를 찾고 있을까

시월의 마지막 밤은
별빛 속에만 저물어 가고
기억의 달력에 흔적만 남긴 채
술잔을 부여잡고 목 놓아 부르짖는다

가을이 지나고 나면

여름이 머물다 간 자리에
가을이 자리하고
사랑의 흔적 위에
그리움이 앉았네요
가을이 지나고 나면
어쩌면
그곳에 내가 남고자 합니다

제6부

못다한 노래

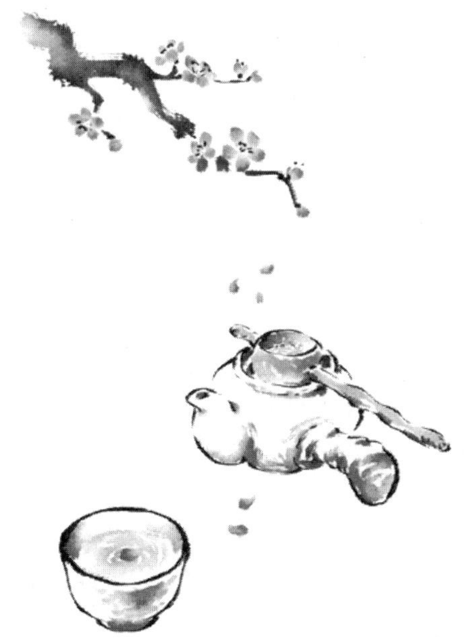

그대와 마주하면

그대를 생각하면
언제나 어제가 됩니다

못다 한 꿈들이 모이고
못 다해준 청춘이 다가옵니다

그대를 마주하면
지금 잡은 손길도 세월을 넘어
따습고
떨림이 되고

함께한 세월만큼
그리움 채워져 가고
사랑 더하여 가고
다정함 보태어 갑니다

내 가슴속에 자리 잡은 청춘의 환희가
어제처럼
오늘도
내일도 영원할지니

토라진 그대 맘에

따사로운 햇살 포근히 품고
토라진
그대 맘으로 다가갑니다

눈물 글썽인 눈가에
입맞춤 하여도
풀리지 않는
그대 가슴으로
햇살 여미어 봅니다

그렇게
다가서면
꼬여진 그 마음에
꽃씨를 뿌리고
사랑 가득한 햇살로
꽃을 피우도록
물을 주는 쉼 없는 정성도 다해봅니다

장미는 이슬을 먹고

도도한 연두빛
초록으로 짙어가면
그대에게 바칠 축복도
화사하게 자라고 있지

고고한 품성 지키려
비수를 품었어도
님을 향한 열정에 사랑 품어
붉은 입술 삼키고

5월 초록 짙은 날
붉은 열정으로 사랑 고백하고자
아침마다
잎새는 이슬만 마신다

상사相思

어여쁜 모습 훔쳐서 보고
사랑스러운 자태 꿈에서 보고
그립다 못해
가까이서 힐긋 마주쳐 지나쳐 보고
그래도 그리워
길 묻듯 말 걸어 본다

인연 흐름을 바람결에 두기 싫어
우연을 가장한 필연은
속앓이로 세월을 허비하며
흘러 보내고

발 동동 거리며 그리워하다
바라만 보는 사랑 품고 살아가기에
가슴 타들어 병이 되는
상사相思

청초한 사랑

네 하얀 바탕에
물감을 들이면
다시는 찾을 수 없게
순백의 청초함이 사라지기에

네 생각마다에
잠금을 하고
숨결마다에도 자물쇠를 걸었건만

변화하는
호흡 속에서
평화로운 숨소리를 듣지 못했다

꿈꾸며
달려가는 것이 사랑이라고
변화 속으로
걸어가는 것이 외로움이라고

가만히
던져진 화두 속으로
봄이 사랑과 손잡고 지나간다

고향집 아침

봉창으로 아침이 어스름 밝아오면
어머니는 벌써 하루를 여셨지

나지막한 마루에
앉은뱅이책상
호롱불 깜박이며
밤 지새워 시험공부하다
엎드려 잠든 나를 깨우시고

정지 아궁이에 불 지피며
부뚜막에 아침 준비로 분주하셨던 어머니
살강에 그릇 꺼내시고
광주리에 한 번 삶아 퍼 두신
꽁보리밥을 가마솥에 넣어
아침밥 준비에 바쁘셨지

장독대엔
어머니를 돕는 누나의 손길

마당에는 아버지의 헛기침 소리
뒷간에
줄지어 차례 기다리는 형제들

분주한 아침 식사 마치면
'아버지, 어머니!
학교 다녀오겠습니다'
외치며 삽짝 열고 나서던
형제들 모습이 고향 하늘에 걸리어
먼 하늘 바라본다

아침의 기도

창가로 가
커튼을 걷으면
아침은 기다렸다는 듯이
어둠을 거두어 가고
밤새 조잘대던 별들도
하나 둘 집으로 돌려 보낸다

설익은
풋사과처럼
어스름 밝아 오는 동녘엔
사랑에 목마른 새의 지저귐이
하루를 깨운다

분주함이
일상처럼 되어 버린 삶들이
거리를 쓸고 지나가면
첫눈에 발자국 남기 듯
부지런한 이들의 발걸음이
거리를 휘젓는다

이렇게
삶의 조각을 맞춰
시간을 만드는 이의 일상이
평화롭고 부유해지기를 기도하며
또 하루의 아침을 맞는다

사랑은 꽃과 나비만의 정원이 아니다

사랑은 꽃과 나비만
어우러진 정원이 아님을 인식하자
그곳엔 항시 잡초도 자란다
꿈이라 하자
그것은 꿈일 것이다
잠들지 않아도 꾸어지는 꿈

그대 사랑은
망상이라 하자
채워지지 않는 갈증으로 하여
꿈꾸는 사랑은
그대가 보채기를 거듭하며
언제나 큰 열매이기를 바라는가

오해와 편견으로 가득 찬
그대 사랑은
이해보다 집착으로 그대를 떠난다
한때의 사랑은

아름다운 것일 수 있는데도
그대의 욕심이 화를 부르지는 않는가
그대만 바라보기 바라는 사랑에

그대가 바라는 이상향의 사랑은
우리에겐 없다고 생각해라
우리 일상의 사랑은
서로 이뻐하고
서로 사랑을 주고받고
서로의 안부와 안녕을 기원하고
서로에게 조금 더 관심을 가지고
그대의 이야기를 듣고
그대를 이해하는 척
고개를 끄덕여 줄 뿐이다
그대가 바라는 이상향의 사랑은
몇십억에 한두 명 있는
성인의 사랑이다

존경과 경의를 강요하면
사랑은 멀어질 것이고
모든 걸 이해하리라 믿으면
실망과 오해와 섭섭함이 쌓일 뿐이다

사랑한다면 숨김없이 말하고
싫으면 이런 면이 싫다고 하자
양보와 이해로
간격을 좁혀가기를 하자

그렇다고
그대들이 꿈꾸는 사랑을 포기하지는 말자
혹 그대들 중 한두 명이
몇십 억 인구 중 한두 명일 줄
누가 아는가

아직도 피지 않은 꽃이 있다

따뜻한 계절이 와도
아직도 피지 않은 꽃이 있다

결실의 계절이 되어도
아직도 피지 않은 꽃이 있다

한겨울 지나도
아직도 피지 않은 꽃이 있다

계절을 지나 세월을 지나
아직도 피우지 못한 꽃이 있다

가슴에 뿌려진 꽃씨
내 가슴엔
아직도 피지 않은 꽃이 있다

어머니, 제 젊음을 드리고 싶습니다

어머니하고 부르면
먼저 가슴이 아리고
생각이 무겁고
눈가에 이슬이 맺힌다

어릴 적 어머니는 과묵하셨지만
인자하시고 남의 도움이 필요 없으신 분인데
지금은 쇠약하셔서 걸음조차
부축을 받으셔야 한다

일찍 남편을 잃고 청상과부로
6남매를 노점상으로 키우신
여장부 같았던 어머니

당당하시던 말씨와
아리따우신 얼굴에 앉은 늙음이
가슴으로 파고들고
내 젊음을 당신께 드리고 싶은 맘에
세월의 골 따라 눈물이 흐른다

세상 앞에 떳떳하셨고
고난 앞에서도 당당하셨고
세월 앞에서도 담담하셨던 어머니

무엇이 당신을 이렇게 작게 하였나요
고난이었던가요
세월이었던가요
주름진 얼굴
처지신 어깨
그리고 내 눈엔 눈물이
어머니!
어머니~~~!!!

아픔이 있을지라도

살아가는 일이 힘들 때쯤
어느날의 아름다운 추억을 꺼내어 보라
힘든 고난이 우리에게 오면
미래 어느날의 설계된 꿈을 펼쳐 보라
고통의 시간은 짧고
행복의 시간은 기나니
현실의 어려움을 두려워 말고
당당하게 오늘의 삶에 충실하며 꿈을 놓지 말라
세상이 온통 먹구름으로 뒤덮여 비바람 몰아쳐도
언젠가는 지나가지 않을 수 없듯이
삶의 시련 또한 그러하리라
폭풍 지나면 맑은 하늘이 보이듯
삶의 시련 뒤에 오는 행복을 기대해도 좋으리니
사랑도 이와 같아서
갈등에 휩싸일 때면 솔직한 마음으로
대화하여 마음을 터놓고
끝난 인연 같으면
더 이상 미련으로 연연하지마라

끝난 인연을 잡고 있는 것은
추한 모습만 보일 뿐, 잡을 수 있는 것이 아니니라
사랑은 꽃과 같아서 정성으로 가꾸어야
아름다운 향기와 고운 빛깔을 내나니
내가 정성 들이지 않고
향기롭고 고운 꽃 피우기를 바라지 마라
정성들이지 않은 곳의 화원에 피는 꽃은
잡초 속에서 볼품없는 꽃을 피우리니
정성 들이지 않는 사랑
또한 거짓과 위선과 탐욕의 잡초와 어우러진 꽃이리니
어찌 참다운 사랑을 바랄 수 있으리요
삶과 사랑에 아픔이 있을지라도
삶에 충실하고
사랑에 충실하면 머지않아
삶의 행복과 사랑의 충만이 보장되리니
지금의 아픔을 참고 인내하도록 하라
행복과 사랑은 우리 스스로가 만들기 때문이다

사람 내음이 나는 사람이고 싶다

꽃이 피어 향기가 없으면
벌 나비가 모여들지 않고
사람에게서 사람 내음이 나지 않으면
주위에 사람이 없다

꽃이 아무리 아름다워도
향기가 없으면 벌 나비가 알지 못하듯이
사람도 마찬가지다
너무 완벽을 기한다든가
인간미가 흐르지 않는 사람에게
무슨 정이 있어 사람이 모이겠는가
간혹 있다면 자기의 이익을 위해
비굴하게 아첨하는 인간이 있을 뿐이다

조금 어수룩해도
조금은 실수가 잦아도
한데 어울려주고
같이 기뻐하고 눈물 흘리며

고난의 순간에
따뜻한 위로의 말 건넬 줄 알고
손잡고서 등 토닥여 주는
그런 향기가 나는 사람이
나였으면 좋겠다

나는 사랑의 꽃씨

시는 그리운 이의 이야기
소주는 살아가는 이의 비타민
커피는 추억하는 이의 향기
노래는 아픈 이의 신음소리
꽃은 사랑하는 이를 위한 선물
그리고 나는 사랑의 꽃씨

날마다 찾아오는
희노애락과 일상의 마음에
사랑의 꽃씨를 뿌린다

뛰는 가슴을 안고 살자

너에게 아직 열정이 남았더냐
뛰는 가슴을 안고 살지 않았다면
부끄러운 줄 알아라

정해진 길 외에
갈 수 있었던 길만 선택하여
쉬운 길만을 걸어 왔더냐
고난의 길을 걸었던게 몇번 이었더냐

힘들지만
더 많은 것을
더 큰 꿈을 이룰 기회를
스스로 잃어 버리지는 않았더냐

모두가 가는 쉬운 길에는
보너스가 없다
모두가 할 수 있고 힘들지 않는 것엔
성공이 있을 수 없다

남들과 똑같이 하고서
남 이상이기를 바라는가
그건 도둑놈 심보다
남들이 나보다 나을 땐 이유가 있다

그들은 모두 뛰는 가슴을 가지고 있다
일에 대한 열정
삶에 대한 열정
그리고 사랑에 대한 열정을 가지고
뛰는 가슴을 가지고 벅찬 마음으로
살아 왔고 살아 가고 있다

보이는 것만으로 그들을 다 안다고 하지마라
그들은 네가 잠잘 때 아직 잠들지 않았고
그들은 네가 잠자고 있을 때 일어나 있다
네가 하나를 생각할 때 둘을 생각했고
네가 쉬운 길을 택할 때
힘들어도 지름길을 택했다

성공하고 싶은가
행복한 삶을 누리고 싶은가
그럼
지금부터라도 뛰는 가슴을 안고 살자
열정의 뛰는 가슴을 가지지 않고
행복을 위한 노력없이
행복하기는 있을 수 없고 있어도 안된다
이제
열정의 끓는 피를 가지고
뛰는 가슴을 안고 살자

그래도 머나먼 곳이구나

너무 먼 곳이라 하지 말자
그대도 저 달을 보고 있으니
달을 품고
달을 바라보고
그대에게 사랑 이야기할 수 있으니
너무 먼 곳이라 하지 말자

그대 있는 곳에도 별은 내리고
여기 나에게도 별이 내리니
까마득한 거리도 옆자리 같으니
너무 먼 곳이라 하지 말자

언어가 틀리고
사람이 틀려도
그대 있는
그곳의 과일과 풀내음이 같으니
꽃들도 낯익으니
너무 먼 곳이라 하지 말자

마음 다지고 마음 다져
그대 가까이서
그대 숨결 음성 느낀다고
스스로를 다스리고 위로해도
천만리 거리는
그래도 머나먼 곳이구나

하늘을 날아서 꿈을 꾼다

하늘을 난다
하늘을 날아서 꿈을 꾼다

'내가 딛고 서있는 세상의 정원이 작아서
내가 가꾸고 있는 화원이 좁아서
내가 바라보는 시야가 산을 넘지 못해'
라는 핑계를 대며

철들어도 한참 철든 나이에
하늘을 날아서 꿈을 꾼다

기술의 꽃씨를 챙기고
괭이와 삽을 어깨에 맨 채
하늘을 날아서
유라시아의 대륙을 내려다보고
유라시아의 산하를 발아래 두고
내 정원으로 만들어 가꾸고 일굴
꿈을 꾼다

하늘을 난다
하늘을 날아서 꿈을 꾼다

꿈을 꾸는데
나이가 무슨 소용이냐고
나 자신에게 반문하면서
새로운 정원에 꽃씨를 뿌린다

내 품에 잠들어 있어요

아직 모르셨나요
나, 그대 품에 잠들어 있는 것을
아직 모르셨나요
내 품에 그대 잠든 것을

꽃잎 따다가
책갈피에 끼우던 시절이 지나고
흐르는 물가에 앉아
설레는 가슴 안고 기다리던
그 시절의 감동으로
날마다 그대 곁에 있어도
우리는 알지 못했습니다
긴 세월을 얼마나 사랑하고 있었는지를

산다는 것의 평원을 지나
힘겨운 날들이 왔을 때 알았습니다
서로의 힘이 되어 주는
생애 최고의 조력자가 옆에 있음을

그때야 알았습니다
우리는 서로를 너무나 사랑한다는 것을

감미로울 땐 사랑의 감미로움만 알고
힘들 때 느껴오는 사랑엔
감미로움에 더해 가슴 터질 것 같은
감동도 온다는 걸 알 때에
사랑은
내게 이런 축복을 주신 신을 찬양하고
밤새 눈물 흘리는 사랑에 취했습니다.

그대 아시지요
나도 알고 있습니다

멀리 떨어져 있어
우리의 육신이 함께 하지 않아도
나, 그대 품에 잠들어 있는 것을
그대 내 품에 안겨 잠든 것을

가끔은 이루지 못할 꿈도 꾸자

가끔은
우리는 별이 된다
달이 되고
바람이 되고 구름이 된다
바랄 수 없는 꿈을 꾸고
내일에 눈을 뜬다
샴페인의 거품처럼 사라져갈 꿈이라도
꿈을 꿀 수 있는 시간
그래
그 시간이라도
우리는 별이 되고
달이 되고
바람이 되고 구름이 되자

어울림 꽃

혼자서는 초라한 몸매
홀로는 외로운 눈빛

꽃으로 피어나
달갑게 환영받지 못하지만

어울려야 비로소 가치가 있고
함께 하여 화음이 되고 합창이 된다.

안개꽃이 그렇고
개망초가 그렇고
라벤더도 그렇고……

인생도 그렇다
함께 하여 비로소 의미를 가지고
이루어 가는 일들.
세상을 살아가는 길에
어울림은 얼마나 풍요롭고 아름다운 꽃인가

그대와 함께 있음에

꿈이라 하기엔
너무나 또렷한 의식

꿈꾸듯 춤추는
한 마리 나비의 자태로 다가오고

별들이 내리고
무수한 전설이 만들어지고

황홀해 잠 못드는 밤이
아련하게 속삭이며 다가오네

바다의 꽃

꽃으로 피어나지 않았어도
네 향기는
멀리멀리 날아가는구나

나비의 유혹이 없어도
네 사랑이
네 하늘거림이
선망으로 너를 찾고 있구나

비바람 먹구름 한창일수록
까만 밤일수록
네 눈빛이 그리워
네 사랑이 간절하기에

바다를 안고
파도의 거친 힐책에도
묵묵히
사랑의 향기 발하는 너
네가 진정 사랑받아야 할
바다의 꽃이지 않느냐
등대여!

갈망渴望

그대 눈빛 속에
잠들어 있는 시간을 깨워
길을 나선다

빛을 따라가면 도달할 수 있을까
그대라는 아름다운 사람과 함께
영원이란 젊음을 얻어

세상 다하는
그날까지 함께 하고파서
세상 끝나는
그 순간까지 사랑하고파서

시를 노래하는 사람들

오롯이 목소리 세우고
걸음 뗄 적에
나지막한 울림 가슴으로 펴오면
씨앗 뿌리듯
고이고이 가슴마다 시어를 뿌린다.

잠자는 젊음이 감성에 젖고
순백의 청춘이
아침인양 깨어난다

소름 돋는 이슬 내림이 눈가에 맺히면
시를 노래하는
작은 떨림이
음악으로 어울리는 때
풀잎 새 앉은 서리도
가을을 익히며 어울리고
감미로움에 취해
한 소절 시를 읊조리는 사람들

너는 다시는 네가 아니다

싹을 틔워 꽃을 피울 때도
몰랐었구나
꽃잎이 지고
잎새가 물들어 시든다는 것을

시든 꽃은
열매를 맺고
봄이면 그 자리에
움 틔우고 다시 꽃을 피우지만
네가 아닌 또 다른 너인 것을
몰랐었구나
너는 다시는 없다는 것을

한때의 화려함도
바람에 지고
한때의 푸르름도
낙엽으로 지고

계절의 윤회 앞에서
또 다른 우리를 바라보는 시간

사계절 지지 않고 푸르른
소나무이고 싶어라

고향 집 肖像

설핏한 하늘에
해거름 걸리면
동구 밖 타작마당에 놀던 아이들
집으로 발길 돌리고

정지 부뚜막엔
어머니께서 가마솥 밥 푸시면
상차림 위해 살강에서
끄집어낸 밥그릇이 줄을 선다

그리운 식구들
도란도란 모여서 된장찌개 동나게 하고
마당의 강아지
삽짝 밖 지나는 이웃에 짖어대고
밤하늘에 초승달 걸리면
별들이 마당 평상에 줄줄이 내린다

・정지 : 부엌의 경상도 사투리
・살강 : 그릇등을 얹어 놓기 위해 벽중간에 가로로 기다랗게 드린 선반
・삽짝 : 나무가지를 엮어서 만든 문짝

제7부

네가 좋은 이유

이별 이유

만나야
좋은 것 처럼
헤어져야
좋은 것도 있다

다시 만날 계절을 위해

꽃이로구나

꽃이 아니어도
꽃이로구나
맑은 눈빛으로 미소 머금게 하니
꽃이 아니어도
꽃이로구나

세월

돌아보니 까마득하고
돌아보니 아득도 한데
지나보니 한순간이네

사랑이

돌밭의
아지랑이같이
샘가의
물소리같이

그렇게 살며시 다가오네

한결같이

어제와 달라진 눈빛
초심을 잃으면
빛이 사라지고
한결 같으면 빛나나니

샛별은
모든 별들이 지고 난
새벽녘에도 빛이 난다

고독한 꽃

어우러져야 피어날 줄 아느냐
어우러져야 아름다우냐

홀로 피어날 수 있고
홀로 피어도 아름답다면

나는 외로워도
홀로 피어 나련다

근심

어둠이 내려도
비바람 잠들지 아니하고
밤새 내린 비
먹구름 머금고 있기에
뜬눈 지새운 마음
가지 끝에 매달았다

꽃

햇살 고운 날
꽃을 보내니

내가 꽃이 되고
꽃이 그대가 되었다

네가 좋은 이유

꽃이라 좋다
아름답고
향기로운 꽃이라 좋다

꽃보다
네가 더 좋다
넌
언제나 함께 하고
내 가슴에만 피어 있어 좋다

묘비명

나
이제 간다

참
아름다웠다

돌아보니
멋진 삶이었다

그래도
날
생각해서
조금만 울어다오

그대는

아름답다 말하지 않아도
스스로 곱구나

아닌 체 외면해도
어느새 가 있는 눈길

곱디 고운 자태
사랑도 품을 줄 아네

추천사

정태운 시인의 두 번째 시집
『내 마음에 머무니 사랑입니다』 출판에 즈음하여

박현수
세종고등학교총동창회장

나는 시를 잘 모른다

한마디로 시를 논할 자격이 없다

하지만 요즈음 정태운 후배가 가끔 들려주는 시를 접하고 새삼스레 삶의 여유를 찾고 마음에 평온함을 얻는다.

내가 사랑하는 후배인 정태운 아우님은 공학도 출신으로서 늘 산업 현장에서 일하고 연구하는 환경기술 전문가인데 참 엉뚱하기도 하다.

첫 시집 출판을 할 때 모두에게 감동을 갖게 하더니 이제 완전한 시인의 경지에 달한 것 같아 자랑스러울 따름이다.

모름지기 시는 자신의 내면을 헹구고, 드러내는 작업이 아닌가 생각한다.

자신을 드러냄이 진할수록 강한 설득력을 지닌다.

시를 알아 가는 것은 진실에 다가서서 인생을 돌아보는

것, 또한 스스로 자신의 길을 찾아가고 있는 과정이 아닐까
이순의 나이 2모작 인생의 절정을 치달아가는 과정에서 뿜어내는 정태운 그의 시도 이제는 절정에 오른 듯 한 느낌이 든다.

정태운 시인의 두번째 시집에는 꽃과 사랑,자연의 향기를 가득 담고 있다.

그 중 가장 마음에 와닿는 한 편의 시를 읊어 본다.

네가 좋은 이유 / 정 태 운

꽃이라 좋다
아름답고
향기로운 꽃이라 좋다

꽃보다
네가 더 좋다

넌
언제나 함께하고
내 가슴에만
피어 있어 좋다_

이 짧은 시 속에서 피어나는 아름다움과 진정함이 왜 이렇게 가슴 뭉클하게 하는지…

꽃보다 사람냄새나는 우리 모두가 되길 희망해 본다.

정태운 시인의 두번째 시집 출판을 마음 가득 축하하며, 앞날에 문운이 더욱 왕성하기를 기대한다.

추천사

이우걸

시인, 전 경남문인협회 회장

자연스런 언어, 순수한 언어, 쉽게 소통되는 언어, 생활하는 언어들이 정태운 시집의 개성입니다

삶이 고통스럽고 견디기 어렵지만 그러나 내일 아침 현관문을 열고 새로 뜨는 태양에 희망을 걸고 싶은 사람들에게 이 시집을 읽길 권합니다.

내가 쓴 시처럼 다정하고 내가 궁리한 방법처럼 쉽고 중요한 사랑을 권하기 때문입니다.

추천사

김조셉 목사

정태운 시인은 참 재미있는 사람입니다.

적잖은 기간 그와 교제하고 지내면서 제 마음엔 항상 재미가 남아 있습니다.

그 '재미'는 그의 '순수'에 원천이 있습니다.

다른 사람이면 힐난 받거나 분위기 급속 냉각될 일도 정태운 시인이면 모두에게 용납되고 이해가 되고 되려 재미를 선물합니다.

오래전 제가 공부할 때 시리는 것을 "시적 싱싱력은 현존을 발명하는 것이 아니라 발견하는 것이다.

파편과 분산 속에서 세계의 이미지를 발견하는 것, 하나 속에서 타자를 인지하는 것은 언어에서 은유의 능력을 되돌려 주는 것이 될 것이다.

시란 타인들을 찾는 것이며 타자성을 찾는 것이다."고 정의했습니다.

조금 쉽고 편하게 바꾼다면 시를 쓰는 행위는 바위의 무게를 깃털 하나로 압축하는 일이라고 표현할 수 있습니다.

비단 삶의 무게 만이 아니라 우리 안에 자리 잡은 돌 같이 굳은 마음을 솜털 같이 부드럽게 만드는 것입니다.

정태운시인의 두번 째 시집을 접하며 제 마음이 솜털 같이 변함을 느끼게 됩니다.

사랑이
아롱 아롱 피어 오더니
그리움이
하늘하늘
날리어 간다 -「봄볕 사랑」 중에서

회갑의 나이에 어떻게 이런 표현이 가능한 것인가?….그가 가진 순수성이 참으로 놀랍습니다.

또 놀라는 것은

꽃보다
네가 더 좋다
넌
언제나 함께 하고
내 가슴에만 피어 있어 좋다. -「네가 좋은 이유」 중에서

이런 순수와 정열이 제가 정태운시인이 좋은 이유입니다.

정시인을 생각하면 보들레르의 시가 생각납니다.

"와인을 마셔라, 시를 마셔라, 순수를 마셔라"

보들레르가 노래한 것을 정태운시인은 모두 가졌습니다.

그래서 많이 부럽기도 합니다.

세상의 오염을 정화하는 사업을 하는 분이 이제 우리의

마음을 정화 시키니 더욱 부러운 것입니다.

학창 시절 많이도 외웠던 릴케의 말도 생각납니다.

"사무치는 시를 써라. 또 쓰지 않으면 죽을 수 밖에 없을 때 시를 쓰라."

지칠 줄 모르고 전진되는 정태운 시인의 두 번째 시집을 맞이하며 그의 시작이 멈추지 않고 계속 되길 기대합니다.

그리고 죽을 수 밖에 없을 때 까지 그의 시를 들으며 함께 와인 잔을 기울이며 순수를 마실 수 있기를 소원하며 기대합니다.

두 번째 시집…

『내 마음에 머무니 사랑입니다』

정태운 시인이 우리 마음에 머무니 사랑입니다.

진심으로 축하하며 시인으로의 삶과 사업과 가족을 축복합니다.

추천사

정태운 시인의 두 번째 시집 출간을 축하하며

최영구
부산문인협회회장, 시인, 문학박사

정태운시인의 시편들은 수용미학의 측면에서 볼 때 나름의 서정미를 갖춘, 그래서 독자들에게 미적 매력을 줄 수 있는 시편들이 많다. 특히 사랑을 주제로 한 시편들은 사랑에 대한 열정과 감정들이 화자에 의해 창조적으로 진술된다. 그런 상상력과 창조성은 언어 수련과 체험의 산물일 것이다.

요즘 시들을 보면 흔히 언어의 심미적 질서가 어떤 원리에 의해 형상화되는 지의 문제를 미처 터득하지 못한 시인들이 시가 판타지라는 점에 의지해 창작된 난해 시들이 많다, 그런 심미적 가치도 예술성도 결여된 시들보다는 오히려 정태운시인의 시들은 마음 편히 읽을 수 있어 호감이 가는 편이다.

그리고 정태운시인의 시 중에는 순수한 인간 감정과 관련된 서정과 시정신이 우리의 의식을 고양시키는 시편들이 많다.

추천사

친구의 제2 시집 발간을 반기며

詩人 문영길

청옥문학 편집장. 새부산시인협회 총무부장

첫 시집 『사랑한다고 말할 때 사랑의 꽃이 피고』에 이어 발표하는 제2시집에서도 자기도취의 난해한 문장이 아닌 화장기 없는 맨 얼굴의 시어들로 과장하지 않고 소담스레 담아 낸 느낌들은 독자들에겐 편안하고 스스럼없는 벗이 되리라 생각한다.

중견기업의 대표로 막중한 업무에도 불구하고 틈틈이 자신의 이상세계를 투영해 내는 그의 글은 자신뿐만이 아니라 읽는 이들의 일상에 따뜻한 위로가 된다.

멋 부리지 않는 담백한 표현들은 그래서 복잡한 사회생활에 지친 모든 이에게 단순한 행복과 사랑의 기쁨을 전달하는 역할에 충실할거라 믿으며 시의 저변확대를 위한 노력의 일환으로 ≪청옥문학≫의 후원회장으로 문학상 운영에 디딤돌을 놓는 그의 행보에서 문학의 발전에 기여하고자 하는 열정과 더불어 시인으로서의 자질도 엿볼 수 있어 친구로서 마음이 뿌듯하다.

이번 시집이 내적 확장의 계기가 되어 좀 더 많은 독자에게 공감으로 읽히기를 바라며 진심의 축하를 보탠다.

정태운 제2시집
내 마음에 머무니 사랑입니다

인쇄일: 2019년 3월 21일
발행일: 2019년 3월 26일

지은이: 정태운
펴낸이: 최경식
펴낸곳: 도서출판 청옥문학사
인쇄처: 세종문화사

등록번호 제10-11-05호
E-mail: sik620@hanmail.net
전화: 051-517-6068

값 18,000원

ISBN 978-89-97805-83-9 03810

이 도서의 국립중앙도서관 출판예정도서목록(cip)은 서지정보유통지원시스템 홈페이지(http://seoji.nl.go.kr)와 국가자료공동목록시스템(http://www.nl.go.kr/kolisnet)에서 이용하실 수 있습니다.(cip2019009767)